자두의
과학일기

자두의 과학일기

【 질병과 바이러스 】

2019년 12월 15일 초판 1쇄 발행
2023년 6월 25일 초판 7쇄 발행

글 | 연다름
그림 | 최호정

발행인 | 정동훈
편집인 | 여영아
편집 | 김지현, 김학림, 김상범, 김지수, 변지현
디자인 | 장현순
제작 | 김종훈
발행처 | ㈜학산문화사
등록 | 1995년 7월 1일 제3-632호
주소 | 서울 동작구 상도로 282 학산빌딩
전화 | 편집 문의 02-828-8873 영업 문의 02-828-8962
팩스 | 02-823-5109
홈페이지 | www.haksanpub.co.kr

ISBN 979-11-348-1966-8 74400
ISBN 979-11-256-5033-1 (세트)

안녕 자두야

자두가 가장 궁금해하는
질병과 바이러스 상식 25가지

과학일기

[질병과 바이러스]

과학기술정보통신부인증우수과학도서
- 2020 -

채우리

| 머리말 |

사람은 전염병을 이겨 낼 수 있을까요?

“콜록콜록!”

한 사람이 감기에 걸리면 가까운 사람도 감기에 걸려요.

세상에는 전염이 되는 전염병이 무척 많아요.

병을 고치는 약이나 백신이 나오기 전까지

전염병은 무시무시한 공포의 대상이었어요.

한번 전염병이 돌면 엄청나게 많은 사람들이 죽었기 때문이에요.

옛날 우리나라에서 가장 무서워한 병은 천연두였어요.

천연두에 걸리면 온몸에 발긋발긋 종기가 돋고 열이 나요.

천연두에 걸린 사람들 대부분이 살아남지 못했고,

살아남아도 곰보가 되었답니다.

앙
앙
앙
앙
앙
헉

하지만 현대에 와서 천연두는 무섭지 않은 병이 되었어요.
수많은 과학자, 의사들의 노력으로
천연두를 예방하는 주사가 만들어졌거든요.
오늘날에는 결핵, 독감, 디프테리아, 흑사병 등
많은 사람들을 죽음으로 몰고 갔던 병들을 예방할 수 있게
되었답니다. 하지만 안심할 수는 없어요.
지구 곳곳에서 새로운 전염병이 생겨나고 있거든요.
전염병과의 전쟁은 지금도 계속되고 있어요.
많은 과학자들과 의사들이 사람을 살리기 위해
새로운 전염병의 치료법을 찾고 있답니다.

연다름

| 차례 |

1장 전염병은 왜 생길까?

2장 무시무시한 전염병

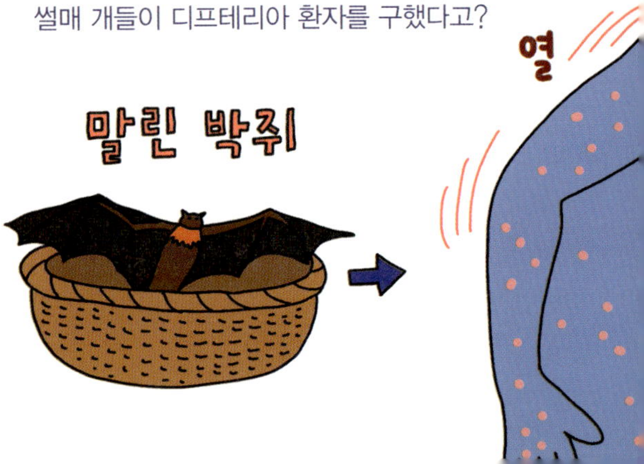
말린 박쥐
열

3장

전염병과 싸운 의사들

4장

병을 이기자!

두통
열
악
무서워~
으악~

에취~

1장

전염병은 왜 생길까?

세균과 바이러스

바이러스가 예쁘다고?

엄마, 자두 누나가 나 때리려고 해.
뭐? 자두 혼날래?
아오, 애기 넌 바이러스야!
바이러스? 그게 뭐냐?
누구한테 붙어야 사는 녀석! 혼자서는 못 사는 녀석!
그래?
아하!
난 엄마의 바이러스야.
어이구, 우리 예쁜 바이러스~!
헐!

10월 5일 월요일 | 날씨 열 팍팍 받은 날

애기가 내가 숨겨 놓은 초코 과자를 먹어 버리고 엄마 옆에 딱 달라붙어 있다. 저 못난이 바이러스 녀석! 엄마는 애기의 어디가 예쁘다는 거야? 바이러스는 감기 같은 전염병을 옮기는 못된 놈들이라고. 참, 세균도 전염병을 옮긴다는데 세균이랑 바이러스랑 뭐가 다를까?

알짜배기 과학 상식

세균이랑 바이러스가 다르다고?

세상에는 전염병을 일으키는 바이러스와 세균이 있어. 둘은 비슷한 듯 달라. 세균은 살아 있고, 바이러스는 살아 있지 않아. 세균은 살아 있기 때문에 혼자서도 번식하지만, 바이러스는 살아 있는 생물 안에 들어가야만 번식할 수 있어. 세균은 영양분이 되는 물만 있어도 바글바글 번식해. 바이러스는 사람, 돼지, 소, 새, 물고기, 꽃, 나무, 곰팡이 등 살아 있는 생명체 안에서만 새끼 바이러스를 만들 수 있단다.

저기다!

세균은 혼자 살아있는 놈, 바이러스는 누구한테 붙어야 사는 놈!
그렇게 구분하면 되는구나!
우리 세균은 물만 있어도 번식하지. 여기가 딱이야 다! 모여!!!
어디 아파?

아이스크림에 세균인 대장균이 붙으면 우글우글 못된 대장균이 늘어나. 하지만 아이스크림에 독감 바이러스가 붙으면 어떻게 될까? 독감 바이러스는 아이스크림에 붙어도 아무 활동을 하지 못해. 시간이 지나면 죽어 버리지.

독감 바이러스는 왜 아이스크림에 붙으면 죽을까?

독감이 아이스크림을 싫어해서!

아니야. 아이스크림에 생명이 없어서야.

여기가 살기 좋겠군!
몸이 으슬으슬 쑤셔.
우리는 바이러스다. 여기가 살기 좋군.

후에취

침으로 전달되는 감기

감기 걸리지 말라고!

자두야,
감기 걸렸어?
저리 가. 난
감기 걸리기 싫어.
콜록
콜록
콜록
콜록콜록!
후후 후에취~
읔,
빵에 침 튀겼잖아.
네 침에 감기 바이러스
들어 있어서 감기
옮기는 거 몰라?
으악~ 뭐야?
너 감기 걸리지 말라고
억지로 먹은 거야.
내 침에 감기 바이러스가
있는데 빵에 튀었잖아.

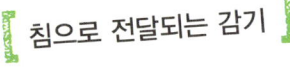

10월 6일 화요일 | 날씨 으슬으슬 추운 날

너 먹으면 감기걸린다.
후에취
괜찮아 나도 감기 걸렸어.

뿌듯해. 오늘 착한 일을 많이 했다. 내가 재채기랑 기침을 할 때마다 튀어나오는 감기 바이러스 때문에 친구들이 감기에 걸리지 않도록 친구들이 들고 있던 간식을 모조리 먹어 버렸다. 은희의 빵, 딸기의 초코파이, 돌돌이의 도넛까지! 배가 터지도록 착한 일을 했으니 착한 어린이 상 받는 거 아니야? 그런데 기침이랑 재채기 중에 침이 더 멀리 나가는 건 뭘까?

기침보다 빠른 재채기

감기에 걸리면 코나 목에 바이러스가 우글우글 늘어나며 콧물이나 가래가 생기게 돼. 침방울 등에 섞인 바이러스는 기침과 재채기를 통해 밖으로 튀어나온단다. 재채기할 때는 침방울이 기침보다 빠르게 멀리까지 퍼져. 기침보다 재채기의 위력이 더 세지.

얼마나 센데요?

재채기가 기침의 5배나 더 빨리 날아간단다.

감기에 걸린 사람들이 기침이나 재채기를 하면, 감기 바이러스를 품은 침방울들이 여기저기 퍼져 나가. 벽에도 묻고, 의자에도 묻고, 책에도 묻어. 이렇게 묻은 감기 바이러스는 6시간까지도 버텨. 누군가 감기 환자의 침방울이 묻은 벽을 만졌다가 코를 비비면 감기에 옮을 수 있어.

저기로 가자!!
에취

감염과 발병

스파이 결핵균

나, 병원 갔다 왔는데 몸에 결핵균이 있대.
괜찮아?
엑, 진짜?
결핵은 아니야. 결핵균이 몸에 들어와 있지만 활동을 안 해. 그래서 안 아파. 이걸 '잠복'이라고 한대.
막 피 토하고 그러는 거 아니야?
잠복? 스파이들이 하는 거잖아?
결핵균이 스파이처럼 몸속에 몰래 숨어 있는 거네. 스파이 결핵균!
스파이 중에는 미녀가 많지. 호호!
뭐래?
기승전 미녀야.

10월 7일 수요일 | 날씨 회색 구름이 낀 날

여러분 꿈이 뭐예요?
몰라요
선생님이요
미녀 스파이요

은희의 꿈이 이번에는 미녀 스파이가 되었다. 그나저나 결핵균이 몸에 스파이처럼 숨어 있는 건 어떤 기분일까? 아침밥을 먹고도 아침밥이 뱃속 어디에 숨었는지 알 수 없는 거랑 비슷한 느낌? 어쨌든 '잠복'은 아픈 게 아니라니까 다행이다. 음, 그런데 잠복하고 있다가 갑자기 막 총 쏘고 싸우는 스파이처럼 결핵균이 활동을 시작하면 어쩌지?

알짜배기 과학 상식

감염이 돼도 아프지 않다고?

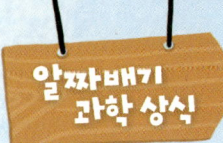

병을 일으키는 세균이나 바이러스가 몸에 들어가 점점 불어나는 걸 '감염'이라고 해. 그렇지만 우리가 세균이나 바이러스에 감염이 되었다고 해서 모두 병을 일으키는 건 아니야. 결핵균이 사람 몸에 들어가 감염이 되었다고 해도, 그 가운데 실제로 결핵 증세가 생기는 사람은 10명 중 1명 정도란다. 나머지 9명의 사람들은 결핵균을 몸에 갖고 있어도 아무 문제 없이 건강하게 살아가.

정말이요? 은희는 아무렇지 않은가요?
음, 심한 다이어트 같은 몸에 나쁜 행동을 안 하면 괜찮아. 몸이 약해지면 몸 속 백혈구의 수가 적어져서 몸에 들어온 세균이나 바이러스를 물리치지 못해 결핵이 발병할 수 있어.
사람들은 세균이나 바이러스에 감염돼도 모르고 살아간대.
정말?

백혈구는 뭐예요?

우리 핏속에 있는 세포야. 나쁜 균이 들어오면 싸워서 없애는 씩씩한 파수꾼이야.

감염된 사람은 감염이 되지 않은 사람들보다 병이 생길 가능성이 더 높을 뿐, 큰 탈 없이 살아갈 수 있어. 그러니 세균이나 바이러스에 감염이 되었다고 해도 너무 걱정할 필요 없어. 감염된 사람이나 동물의 몸에 병이 생기는 건 '발병'이라고 해.

나도 감염된 거 아니야.
난 튼튼해서 바이러스를 이길 수 있어.

쥐가 옮기는 흑사병

중세 시대에 태어나고 싶다고?

난 중세 시대 유럽에 태어났어야 해.
왜?
이렇게 아름다운데 드레스를 안 입는 건 범죄니까.
중세 시대에는 화장실이 따로 없어서 길에 똥이 막 굴러다녔다는데.
드레스를 입고 거리를 걸으면…. 드레스 자락에 똥이 질질질~!
그만! 상상하게 하지 맛!

10월 8일 목요일 | 날씨 햇살이 반짝 마음도 반짝한 날

눈지 얼마 안 됐군.
아까 지나간 푸들이 눈 똥이 아닐까?
우웩

똥에는 병균이 들었다. 그런데 중세 유럽에서는 똥을 막 길거리에 버렸다. 말랑말랑 방금 눈 똥, 꼬들꼬들 하루 된 똥, 딱딱하게 마른 똥이 여기도 있고 저기도 있었겠지? 그럼 냄새가 재래식 화장실보다 지독했겠다. 그렇게 더럽게 살면 병 안 생기나? 유럽 사람들, 무지막지한 전염병으로 고생한 거 아니야?

중세 유럽을 괴롭힌 흑사병

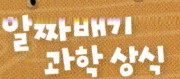

사실 중세 시대 도시는 엄청나게 더러웠어. 사람들이 길거리에 멋대로 똥도 누고 오줌도 눴거든. 마차가 지나갈 때는 푸짐한 말똥이 툭툭 떨어졌고, 소 수레가 지나갈 때는 커다란 소똥이 철벅철벅 떨어졌어. 하이힐이라고 부르는 신발이 어떻게 만들어졌는지에 대해서는 여러 가지 설이 있는데, 그중 하나가 중세 시대 길거리의 더러운 똥을 피하기 위해 사람들이 하이힐을 신고 다녔다는 거야.

똥을 피하려고 하이힐을 신었단 말이에요?

하하, 믿거나 말거나.

언니!
하이힐 신었으니까 똥 잘 피할수 있어.

어쨌거나 중세 유럽에 뾰족 구두를 신고 똥을 피해 다녔다면 전염병인 흑사병을 피하는 데 눈곱만큼이라도 도움이 되었을지 몰라. 중세 유럽에서는 '검은 죽음의 병'이라고 불리는 흑사병이 크게 유행했어. 흑사병에 걸린 사람들은 살이 검게 썩으며 죽음에 이르렀어. 길거리에 내버려진 흑사병 환자들의 똥은 다른 사람들까지 흑사병에 전염시켰지.

사람이 흑사병의 주범인가요?
진짜 주범은 들쥐야. 흑사병은 들쥐와 야생 다람쥐의 전염병이거든.

라임병을 옮기는 진드기

민지를 지켜라!

응?
자두야, 안녕?
안 돼~!
꺅~
너 살인 진드기 몰라? 물리면 죽는다고.
나, 방석 깔고 앉았는데….
악, 미안! 제자리에 데려다 줄게.
꺅

10월 10일 토요일 | 날씨 풀처럼 푸르른 날

자두야

아이고, 민지를 두 번이나 옮겼더니 지쳐서 나무 그늘에 벌렁 누워 낮잠을 잤다. 누가 툭툭 치기에 깨니 엄마 눈썹이 하늘을 뚫을 것처럼 치켜 올라가 있었다.

"풀밭에 벌렁 드러누워 낮잠이야? 살인 진드기 물리면 죽는 거 몰라?"

정말 풀밭에 사는 살인 진드기에 물리면 사람이 죽을까?

조그만 진드기가 전염병을 옮긴다고?

라임병이란 뭘까?

라임이 들어 있는 병!

그 라임이 아니야!

초록 풀이 깔린 들판에 나오면 마음이 시원해지는 기분이야. 들판을 뒹굴며 신나게 놀고 싶지. 그런데 들판의 초록 풀 사이에 조그만 진드기가 살고 있어. 진드기는 아무도 모르게 우리 몸에 달라붙어 날카로운 이빨로 피부를 물어뜯어. 진드기에 물리면 여러 가지 병에 걸릴 수 있어. 그중에도 라임병에 걸리면 어마어마한 고생을 하게 될 거야.

조그만 진드기라고 우습게 여겼더니. 이빨도 있어요?
그럼. 진드기 이빨은 무척 강해.

라임병에 걸리면 물린 자리가 특이하게 변해. 가장자리는 빨갛게 되고 가운데는 연한 붉은 얼룩이 생긴단다. 그로부터 며칠 뒤 독감에 걸렸을 때처럼 열이 나고, 몸이 춥고, 머리가 아프고, 몸이 피곤해져. 이럴 때는 걱정하지 말고 얼른 병원으로 가도록 해. 재빨리 치료하면 깨끗이 나을 수 있으니까. 라임병을 오랫동안 치료하지 않으면 뇌염, 말초신경염, 심근염 등 이름만으로도 무시무시한 병을 얻게 된단다. 라임병은 초기에 발견해서 치료하는 게 중요해!

으악
라임병….
얼른 병원 가자.
진드기한테
물렸어.

체체파리와 수면균

선생님 목소리는 자장가

으으으
자두야!
넷
책상 위에
그게 뭐니?
선생님 목소리를
녹음하고 있어요.
요즘 엄마가
잠을 못 주무셔서…
생일 선물로
드리려고요.
어이구~!

10월 12일 월요일 | 날씨 눈꺼풀이 아래로 떨어지는 날

선생님 목소리보다 더 강력한데….
윙
살려줘~

오늘은 엄마도 푹 주무시겠지? 나는 우리 선생님 목소리를 듣고 있으면 눈이 감기고, 머리가 꾸벅거리고, 침이 뚝뚝 떨어진다. 그러다가 쉬는 시간 종이 치면 눈이 번쩍 떠진다. 거참, 신기하단 말이야. 그런데 아프리카에 우리 선생님 목소리만큼 강력한 곤충이 산다고 한다. 바로바로 파리! 이 파리에 물리면 졸다가 죽기까지 한다는데 정말일까?

사자보다 파리가 더 무섭다고?

우리나라의 파리는 귀찮기는 해도 아주 해롭지는 않아. 반찬 위에 잠깐 앉는다고 해서 큰일이 벌어지지는 않는단다. 그런데 아프리카 파리는 달라. 아프리카에 사는 체체파리는 사자보다 더 많이 사람을 죽이는 파리야.

거짓말! 조그만 파리가 어떻게 사자보다 사람을 더 많이 죽여요?

사자는 가끔 사람을 물지만 파리는 시시때때로 사람을 무는걸.

나한테 오지 마!
어서 피해~
얼른 병원 가자.

자두 피는 맛있어!

체체파리는 사람과 동물의 피를 빨아 먹어. 피를 빨기만 하는 게 아니라 주둥이로 수면균을 옮겨. 이 세균은 사람 몸에서 수면병을 일으켜. 수면병에 걸린 사람은 처음에 높은 열과 두통, 간지러움 등에 시달려. 일찍 치료를 받지 않으면 신경에 심한 손상을 입고 잠이 들었다가 죽음에까지 이르게 된단다.

체체파리는 사람의 피를 어떻게 빨아요?

입에 날카로운 이빨이 있어. 이빨로 물어서 피를 빨지.

나도 먹었지롱!
아프리카 파리 무서워!
앙
앙
앙
앙
앙
체체파리한테 물렸어.

니파 바이러스

엄마표 과일 주스를 말려 줘!

몸에 좋은 과일 주스를 만들어야지.
우와!
귤 넣고, 호박 넣고, 김치 넣고, 두부 넣고, 마늘 넣고 돌리면….
끄아아!
여보. 과일 주스 한잔해요.
오, 주스? 좋지.
꼬르르

10월 13일 화요일 | 날씨 주스 냄새로 시큼한 날

이상해
마녀?
히히히
흐흐흐

엄마는 이상해. 왜 과일 주스를 만든다면서 달랑 귤 하나 까 넣고 그 안에 푸르뎅뎅한 시금치랑 희멀건 양배추랑 시뻘건 당근을 넣는 거지? 고약한 냄새가 나는 칙칙한 초록 즙을 먹으라고? 싫어! 먹으면 죽을지도 몰라. 진짜, 방글라데시에서는 과일 주스를 먹고 죽은 사람도 있다고.

알짜배기 과학 상식

과일 주스를 먹고 병에 걸려 죽었다고?

2004년 방글라데시 어느 마을에서 있었던 일이야. 이 마을에는 대추야자 나무가 있는데, 나무에서 대추야자즙을 모았어. 대추야자즙은 밤새도록 모으면 커다란 물통 하나를 채울 만큼이 되었어. 그러던 어느 날, 이 근방 사람들 13명이 우르르 병에 걸렸어. 열이 펄펄 끓고 두통을 일으키고 막 토하더니 며칠 뒤 12명이나 목숨을 잃었어. 알고 봤더니 모두가 같은 마을의 대추야자즙을 먹었더래. 대추야자즙 때문에 사람이 죽은 거야.

으, 어떻게 된 거예요? 누가 대추야자즙에 독이라도 섞었나요?

범인은 과일박쥐였어.

엥? 과일박쥐요?

엥?
범인은 과일박쥐였어!

과일박쥐는 밤에 몰래 날아와서 대추야자즙을 먹고 날아갔어. 즙만 먹고 가면 좋은데, 오줌도 찍 누고 갔어. 과일박쥐 몸에 있던 니파 바이러스가 과일박쥐의 오줌과 침을 통해 대추야자즙에 들어갔고, 이걸 먹은 사람들이 죽음에 이른 거야. 니파 바이러스로 인한 죽음은 1998년 말레이시아에서도 벌어졌단다. 박쥐에게 물린 돼지를 먹은 사람들이 니파 바이러스로 목숨을 잃었지.

인디언들이 전염병에 걸렸어.
공주병이 더 무서워.
이뻐! 하하하

2장

무시무시한 전염병

천연두 바이러스

공주병이 전염병이라고?

어머, 자두야.
내가 공주처럼 예뻐서
시무룩하구나?
엥?
어머, 꽃이 시들었어.
내가 공주처럼 예뻐서
속상한가 봐.
헐!
어멋, 해가 구름 뒤로
숨었네? 내가 공주처럼
예뻐서 샘내는구나.
허어억!
너~무 심각해서
못 말리겠어.
오호호!
난 너무 예뻐서
미안하다니까.

10월 15일 목요일 | 날씨 못봐줄것같은날

에비
공주병 옮는다

은희가 한번 공주님 놀이를 시작하면 한도 끝도 없다. "오호호호! 난 너무 예뻐." 하고 거울을 보며 빙그르르 돌 때는 얼른 도망쳐야 한다. 안 그러면 은희 공주 마마의 자기 자랑을 귀에 딱지 앉도록 들어야 한다. 진짜 심각한 공주병이라니까. 아, 그러고 보니 공주병은 전염된다는데 정말일까?

아메리카를 정복한 천연두

천연두는 아주 무서운 전염병이야. 한번 걸리면 죽거나 곰보가 되지. 옛날 사람들은 병의 신이 천연두를 옮긴다고 믿었기 때문에 그 신에게 높임말을 써 신의 노여움을 덜려고 했단다. 바이러스에 의해 옮는 천연두는 오랫동안 사람들을 괴롭혀왔어. 아프리카, 유럽, 아시아에서 천연두에 걸린 사람들이 수없이 죽거나 곰보가 되었어.

어? 아메리카는요? 아메리카에는 천연두가 없었나요?

없었어. 그러다 1500년대에 스페인 사람들이 배를 타고 아메리카로 건너가서 인디언들에게 천연두 바이러스를 옮겼어.

스페인군이 천연두 바이러스를 퍼뜨렸나 봐.

천연두를 한 번도 겪어 보지 못한 아메리카 인디언들은 천연두에 픽픽 쓰러졌어. 중남미 인디언 10명 중 9명이 천연두로 죽고 말았어. 천연두 덕에 스페인군은 손쉽게 아메리카 대륙을 점령했단다. 그 후 천연두가 아메리카 인디언들의 약점이란 걸 안 유럽 사람들은 일부러 천연두를 인디언들에게 퍼뜨렸다고 해. 천연두로 아메리카를 정복한 거야.

에볼라 바이러스

자두의 코피

꺄악
나 코피 난다!
케첩이지롱.
놀랐잖아! 나빠!
끄응!
나, 코, 코피!
안 속아!

10월 16일 금요일 | 날씨 하늘이 노랗게 보인 날

케찹 닦아
피가 모자라

미미의 손바닥이 내 팔을 찬 순간, 내 손가락이 콧속으로 밀려들어 왔다. 아악! 미미는 코피가 터졌다는 말도 안 믿고, 엄마는 케첩이나 닦으라고 하고. 서럽다. 쳇! 내가 무슨 양치기 소녀인 줄 아나. 그나저나 코피가 터지고 죽는 병이 있다는데, 정말일까? 코피를 줄줄 흘리다 죽는다니 무시무시하다!

알짜배기 과학 상식

코피가 줄줄 나는 병이라고?

1976년 콩고에서 이상한 병이 발견되었어. 이 병에 걸린 사람은 열이 나고 두통을 일으켰어. 피부에 빨간 반점이 생기고, 코피를 줄줄 흘렸어. 피를 울컥울컥 토하다 죽음에 이르렀지. 이 병은 콩고의 에볼라 강 이름을 따서 에볼라 출혈열이라고 했어. 에볼라는 환자의 땀이나 침 등으로 전염되며 서아프리카 지역에 퍼졌어. 그리고 결국엔 온 세상으로 번져 나갔단다.

에볼라를 맨 처음 옮긴 동물이 뭐게?

사막여우? 하마? 악어? 아니면... 사람?

과일박쥐야. 서아프리카에는 말린 과일박쥐를 먹는 풍습이 있대. 그 덕에 과일박쥐의 몸에 있던 에볼라 바이러스가 사람에게 옮겨갔을 거라고 해.

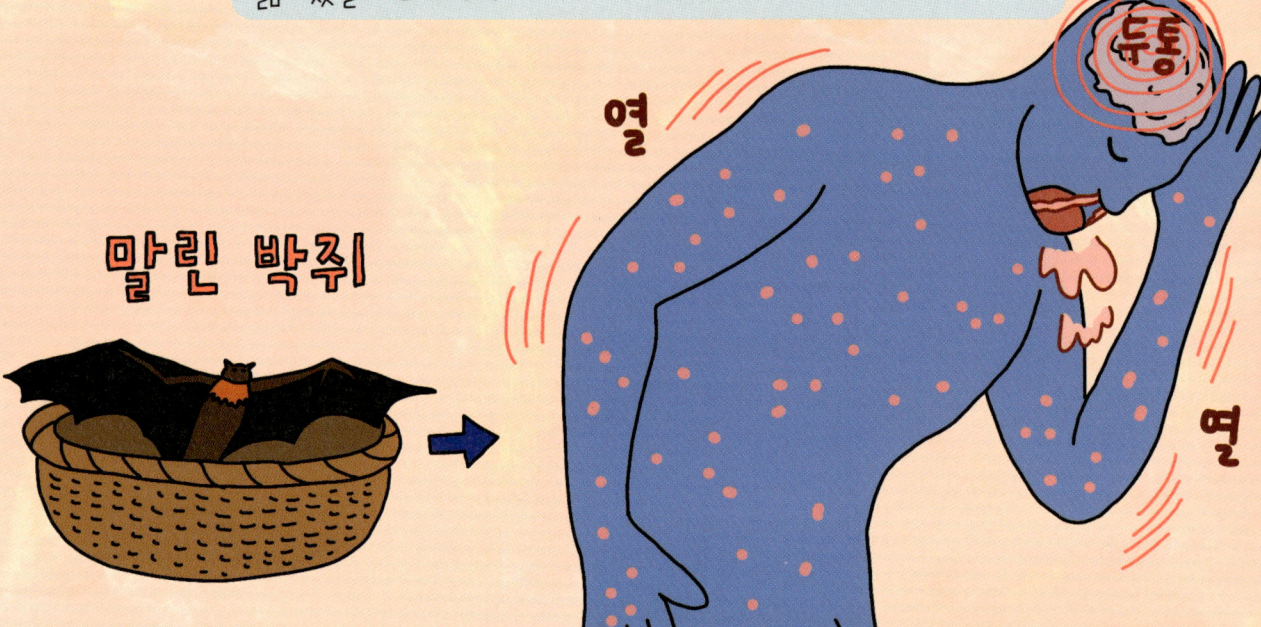

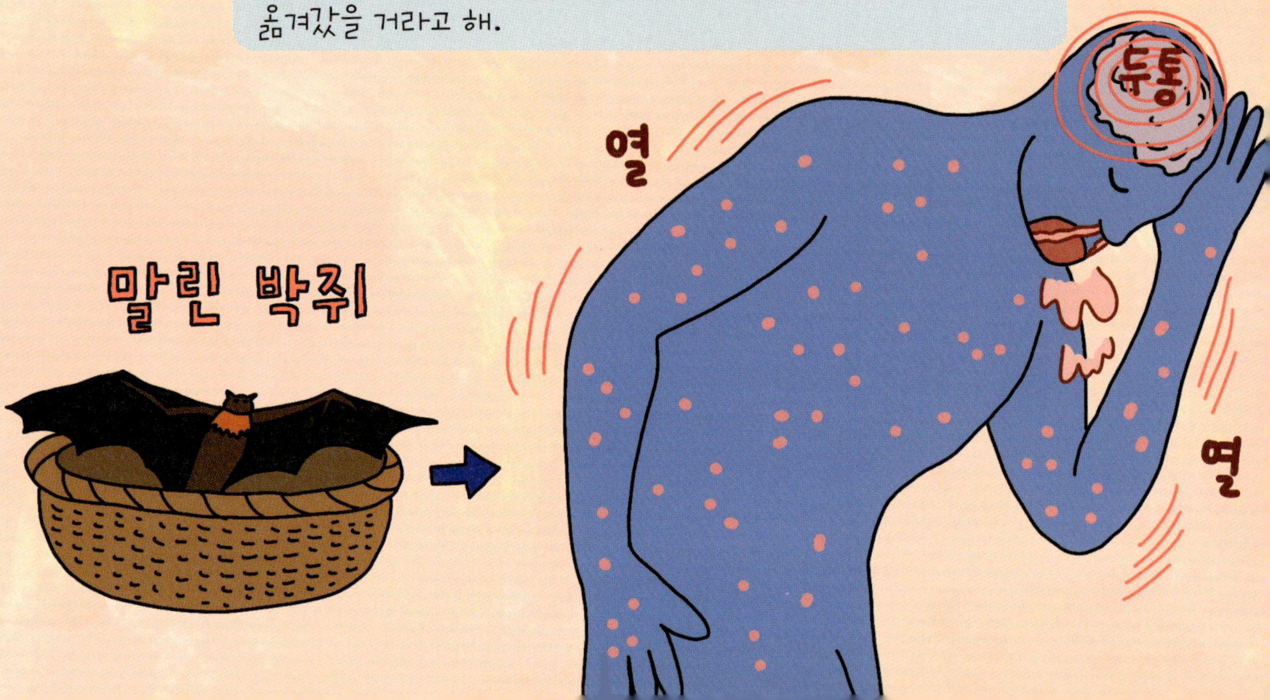
두통
열
말린 박쥐
열

에볼라 바이러스는 피부와 피부가 닿으면 땀을 통해 감염될 수 있어. 그 때문에 미국, 한국 등 여러 나라에서는 의사들이 환자와 닿지 않도록 온몸을 가린 방역복을 입고 에볼라 환자를 치료하도록 정해 놓고 있어. 의사들은 마치 우주인처럼 머리부터 발끝까지 온몸을 감춘 옷에 고글을 끼고서 환자를 치료한단다.

의사와 간호사들이 방역복을 입는 데 얼마나 걸리는 줄 아니?

후다닥 입겠죠, 뭐.

입는 데 15분, 벗는 데 20분이나 걸려.

악
무서워~
으악~

스페인 독감

조선으로 온 스페인 살인마

조선 시대의
살인마 얘기 알아?
살인마?
스페인 아가씨가
조선으로 와 사람들을
죽였대.
얼마나 죽였는데?
14만 명!
사냥꾼?
그 아가씨
정체가 뭐야?
마녀?
암살범?
그 아가씨는
얼굴도 없고,
손도 없고 발도 없는데
날마다 사람을
죽였대.
끄아아~!
엄마야~!

10월 19일 월요일 | 날씨 마음이 떨려 괜히 추운 날

윤석이 말이 진짜일까? 얼굴도 없고 손도 없고 발도 없는 스페인 아가씨가 조선 사람들을 죽이고 다녔다니! 일 년 동안 하루에 300명씩 죽여도 다 못 죽일 만큼 어마어마한 사람을 죽였다고 하는데 도대체 뭐로 죽인 거야? 포크 수백 개를 한꺼번에 던졌을까? 사람들 먹는 물에 독을 탔을까? 궁금해!

스페인 아가씨가 조선을 괴롭혔다고?

1918년 제1차 세계 대전 중 미국에서 시작된 독감이 사람들의 이동을 통해 전 세계로 퍼져나갔어. 스페인에도 독감 바이러스가 들어와 수많은 스페인 사람들이 독감 바이러스에 시달렸어. 스페인 국왕까지 독감으로 열에 시달렸단다. 스페인 신문들은 독감 기사를 신나게 실어 댔어. 이 독감은 며칠 심하게 앓고 말끔히 낫는 병이라 위험하지 않았어. 그래서 '스페인 아가씨'라고 했지. 정열적으로 연애하고 쌀쌀맞게 헤어지는 스페인 아가씨를 닮았다고 생각했나 봐.

강력한
스페인 독감이다!

스페인 아가씨는 화끈하게 연애하나 봐요.

하하! 그런데 스페인 아가씨가 점점 독해졌어.

처음에 약했던 스페인 독감은 퍼져 나갈수록 더 세지고 독해졌어. 독감에 걸려 죽는 사람들이 많아졌단다. 스페인 독감은 특히 아프리카, 아시아로 옮겨가 많은 사람들을 괴롭혔어.

스페인 독감은 한반도에도 들어왔어. 조선 사람들 2명 중 1명이 스페인 독감을 앓았고, 그중에는 독감으로 죽는 사람도 많이 나왔어. 스페인 독감으로 죽은 조선 사람의 수가 14만 명쯤 되었다고 해.

조선으로 옮겨오고 있어!

중세의 결핵 퇴치법

우리 엄마는 힐러

아야,
배가 아파요.
애기야, 엄마가
만져 줄게.
엄마 손은 약손이다,
빨리 나라,
어서 나라.
휴우!
나 다 나았어요.
헐, 우리 엄마가
힐러였어?
동네 사람들!
우리 엄마 초능력자
힐러예요. 아픈 사람을
고쳐 줘요!
호들갑은! 엄마 손은
본래 약손이야.

10월 20일 화요일 | 날씨 바람이 멈춘 날

병을 낫게 해 주겠다
감사합니다

엄마가 그러는데 세상 모든 엄마의 손은 약손이란다. 아픈 아이의 배를 따뜻하게 문질러 주면 배앓이가 낫는다나. 내가 이 얘기를 민지에게 해 줬더니 민지가 신기한 얘기를 해 줬다. 옛날에는 왕이 병에 걸린 사람들을 만져 주는 행사를 했다고 한다. 왕이 만져 주면 병이 짠 낫는다고 믿었다는데, 이게 말이 돼? 옛날 왕들도 다 초능력자였나?

왕이 만져 주면 낫는 병이 있다고?

쇼팽이 무슨 병으로 죽었는지 아니? 바로 결핵이야. 결핵은 아주 오랫동안 사람들을 괴롭혀 온 병이야. 석기 시대에도 결핵으로 죽은 사람이 있었으니, 사람의 역사와 함께한 병이라고 할 수 있지. 긴 세월 동안 많은 사람들이 결핵에 걸려 목숨을 잃었어. 옛날 사람들은 결핵을 무척 두려워했어.

중세 시대에 유럽에서는 왕이 결핵을 고쳐 줄 수 있다고 믿었어.

왜요? 중세 시대에는 의사가 왕이 됐나요?

너의 병을 낫게해 주겠다.
감사합니다.

중세에 왕은 신이 선택한 분이었어. 백성들은 신이 선택한 왕께서 만져 주면 결핵이 나을 거라고 믿었단다.

중세 시대에 프랑크 왕국, 잉글랜드 왕국 등에서는 왕이 만져 주는 행사를 열었어. 잉글랜드의 왕 찰스 2세는 만 명에 가까운 결핵 환자들을 만져 주었대.

결핵균을 찾아낸 건 1800년대의 일이야. 독일의 미생물학자 코흐가 토끼 실험을 했어. 결핵 환자의 몸에서 나온 침 등을 토끼에게 주사해서 토끼가 결핵에 걸리도록 만든 거야. 코흐는 결핵 토끼에게서 결핵균을 찾아냈어. 결핵이 결핵균에 의해 옮는 전염병이라는 걸 알아낸 거지. 현대에는 예방 주사와 치료약 등이 발전해 결핵 환자가 많이 줄어들었단다.

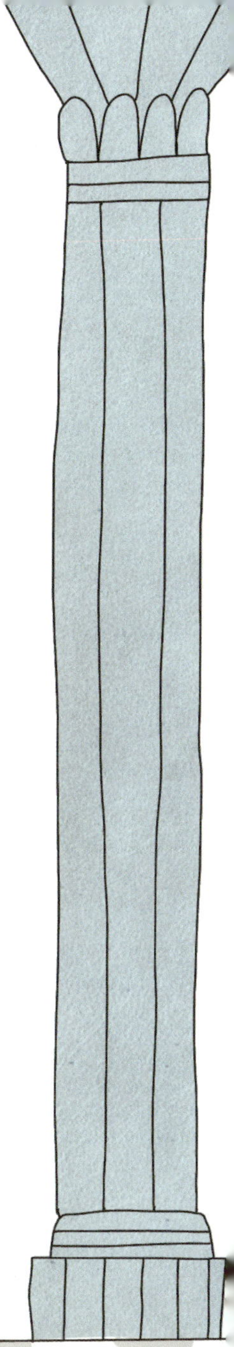

줄부터 서자~~.
결핵은 만져 주는 거로 낫지 않는데.

소아마비 바이러스

입안이 얼얼~

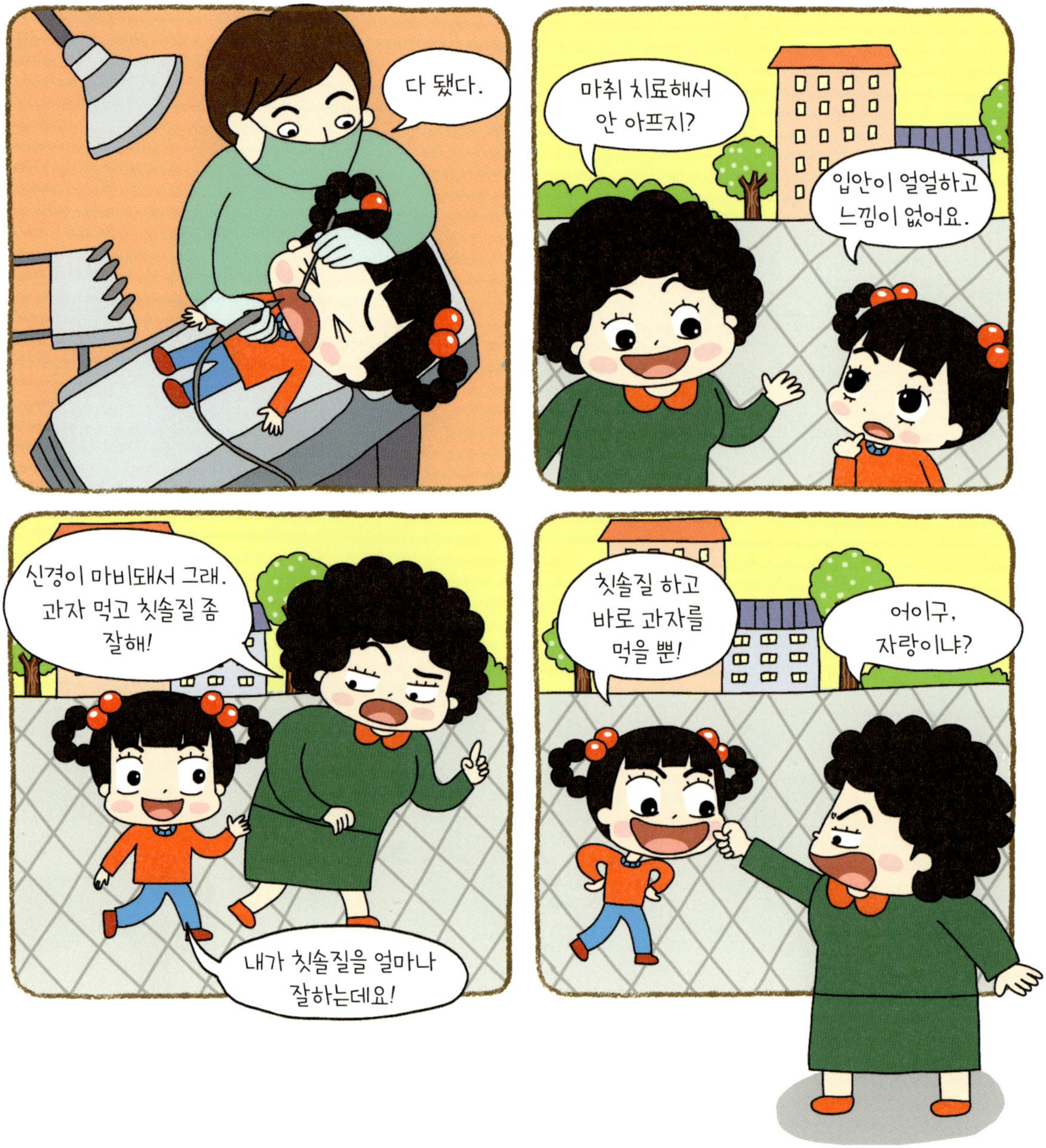
다 됐다.
마취 치료해서 안 아프지?
입안이 얼얼하고 느낌이 없어요.
신경이 마비돼서 그래. 과자 먹고 칫솔질 좀 잘해!
내가 칫솔질을 얼마나 잘하는데요!
칫솔질 하고 바로 과자를 먹을 뿐!
어이구, 자랑이냐?

10월 21일 수요일 | 날씨 삐질삐질 땀나는 날

마비돼서 그래
우엥 맛없어

입안이 마비되니까 엄마가 볼을 꼬집어도 안 아프다! 그건 좋은데 기분이 이상하다. 침이 질질 흐르는 것도 잘 모르겠다. 호떡을 먹어도 맛을 모르겠다. 너무해. 달콤한 꿀이 줄줄 흐르는 호떡의 맛을 신나게 느껴야 하는데. 꼭 벌 받는 기분이다. 마비는 엄청 불편하구나. 갑자기 몸이 마비되는 전염병도 있다던데, 얼마나 갑갑할까?

대통령이 마비가 되었다고?

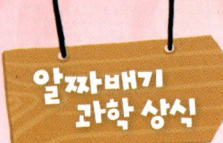

갑자기 팔이나 다리를 못 쓰게 되면 얼마나 속상할까? 소아마비는 그런 병이야. 몸이 약해졌을 때 소아마비 바이러스가 몸에 들어가는데, 심하면 팔과 다리 등을 마비시킬 수 있어. 미국의 루스벨트 대통령은 39살이던 1921년에 휴가를 보내다가 소아마비에 걸렸어. 그 바람에 다리가 영원히 마비되어 목발을 짚게 되었어.

루스벨트는 목발을 짚고 선거에 나가 대통령에 당선되었어.

우와! 다리 마비는 아무 문제가 안 됐네요.

그뿐 아니라 국립 소아마비 재단을 만들어
소아마비 연구를 하도록 했어.

와
멋있

국립 소아마비 재단에서는 바이러스 학자인 조너스 소크에게 소아마비 연구를 부탁했어. 소크는 7년의 연구 끝에 죽은 바이러스를 이용해 소아마비 백신을 만들어 냈어. 소크는 이 백신의 특허를 내서 비싸게 팔 수 있었어. 그러면 엄청난 부자가 될 수 있었지. 하지만 소크는 소아마비 백신이 세상 모든 사람들에게 쓰이길 바랐단다. 그래서 누구나 소아마비 백신을 무료로 쓸 수 있도록 했어.

국민 여러분,
열심히
일하겠습니다!

무좀을 옮기는 무좀균

아빠랑 발 재기

아빠, 나랑 발 크기 재요.
좋지!
나랑두!
나도!
그래, 그래.
여보, 스톱! 무좀균을 누구한테 옮기려고?
무좀이 어때서? 좀 간지럽고 냄새날 뿐이라고!
으힉!

10월 22일 목요일 | 날씨 발이 간지럽게 느껴지는 날

으악 무좀이다
간지러
간지러
간지러

부스럭부스럭 벅벅! 아빠가 고린내 나는 발을 긁는 게 무좀균 때문이었다니. 이름도 좀스럽다. 무좀! 어른이 되면 다 발에 하얀 각질이 생기는 줄 알았는데, 그게 바로 무좀이었다. 아빠, 나한테는 무좀 옮기지 말아요! 발바닥을 비비고 벅벅 긁으며 다니긴 싫다고요!

발가락이 간질간질, 무좀은 왜 생길까?

발바닥은 땀이 많이 나는 곳이야. 양말을 신고 있으면 바람도 잘 통하지 않아 종일 축축할 수 있어. 이렇게 축축한 곳에서는 세균이 잘 자라. 무좀은 표피사상균, 진균 등 곰팡이에 의해 생기는 병이야. 발가락 사이가 하얗게 변하거나 물집이 잡히지. 손톱이나 발톱 등 다른 곳에도 생길 수 있어. 어른 중에는 무좀을 가지고 있는 사람들이 꽤 많아. 무좀에 걸리면 근질근질 가렵고 잘 낫지 않는단다.

어쩐지, 아빠가 자꾸 발을 긁더라니. 무좀이었어!

자두야
너의 아빠
왜 그래?
아악~
더러워!
도망 가야지!
옮을지 몰라.

어른들한테는 무좀이 흔해.

사람이 움직일 때는 피부에서 하얀 각질이 떨어져. 무좀 환자가 떨어뜨리는 각질에는 곰팡이가 가득 들어 있어. 건강한 사람도 이 곰팡이를 밟으면 무좀에 감염될 수 있단다. 수영장, 목욕탕, 체육관 등 많은 사람들이 오가는 곳에서는 자기도 모르게 무좀에 옮기 쉬워.

일단 무좀에 걸리면 발을 보송보송하게 말려 주는 게 중요해. 곰팡이는 축축한 곳을 좋아하거든. 곰팡이가 번지지 않도록 발을 깨끗이 닦아 말리고 곰팡이 연고를 꾸준히 발라야 해.

간지러
간지러
간지러
간지러

[살이 썩는 탄저병]

새로운 미사일을 만든다면

세상에 없는 미사일을 만든다면 어떤 걸 만들고 싶어?
돌멩이가 과자로 변하는 미사일!
찬성!
나는 코딱지 미사일! 미사일이 하늘에서 터지면 코딱지가 내려와 몸에 붙는 거야.
음….
무서울 만큼 더러운 얘기야.
어디, 미사일에 넣을 코딱지를 모아 볼까?
으윽~!

10월 23일 금요일 | 날씨 살살 바람 부는 날

무좀균을 모아 만든
방귀다~

미사일은 무시무시하다. 한꺼번에 많은 사람들을 괴롭게 만들 수 있다. 미사일에 무좀 세균을 넣어 쏜다면 어떻게 될까? 무좀 미사일이 터지면 많은 사람들에게 무좀균이 옮게 되겠지? 발에 생긴 무좀을 벅벅 긁느라 바쁘게 될 거다. 세균 미사일은 정말 위험하구나!

세균 미사일이 있다고?

전염병도 총만큼 무서운 것 같아요.

전염병은 옛날부터 무기로 쓰였어. 유럽 백인들은 아메리카 대륙을 정복할 때 천연두를 썼다고 했잖니. 몽골군이 유럽을 공격할 때에도 흑사병에 걸린 사람 시체를 던졌다고 하더라.

사람에게 병을 옮기는 세균을 무기로 쓸 수 없을까? 전염병 무기에 대한 연구는 오래전부터 꾸준히 있었단다. 몇몇 나라들은 탄저병, 천연두 등 강력한 전염병을 일으키는 세균을 무기로 쓸 방법을 연구해 왔고, 몇몇 나라에서 탄저균 미사일, 천연두 미사일 등을 만들고 있지. 그중에도 탄저균 미사일은 엄청나게 위험해.

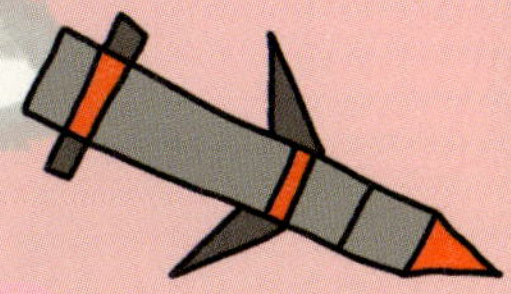

탄저균이 뭐예요?

살이 까맣게 썩는 탄저병을 일으키는 세균이야.

탄저병은 본래 동물을 통해 옮는 병이야. 소나 양, 염소, 낙타 등 가축에서 주로 생겨. 탄저병이 생긴 가축을 만지거나 탄저병에 걸린 가축의 고기를 먹으면 탄저균이 옮아. 피부에 탄저균이 들어가면 피부가 까맣게 썩어 버리지. 뱃속에 탄저균이 들어가면 토하고 설사를 하며 피를 흘려.

몇몇 나라에서 몰래 만들고 있는 탄저균 미사일에는 하얀 탄저균 가루가 들어 있어. 이 미사일이 터지면 사람들이 탄저균 가루를 들이마시고 호흡 곤란과 쇼크를 일으킨단다.

헉
탄저균 미사일이다!

알래스카를 습격한 디프테리아균

진돌이에게 알바비를

진돌아, 앉아!
하아
앉아!
멍
진돌아 점프!
멍
진돌아, 노래!
우잉, 진돌이가 차별해.
그게 아니지. 일을
시킬 땐 알바비를 제대로
달라는 거지.
너 엄마가 심부름
시키고 심부름값
안 주면 좋아?
아하!

10월 26일 월요일 | 날씨 상큼하게 땀 흘린 날

진돌아~
멍멍

엄마는 날마다 진돌이에게 밥을 주고, 진돌이랑 산책하고, 진돌이를 씻겨 준다. 한마디로 사랑을 준다. 그러니까 진돌이도 엄마를 사랑한다. 내가 엄마를 사랑하고 엄마가 나를 사랑하듯이. 미국 알래스카에서는 썰매 개들이 치료제를 썰매로 날라 수많은 사람들을 살렸다고 하던데. 개와 사람은 정말 가까운 친구라니까.

알짜배기 과학 상식

썰매 개들이 디프테리아 환자를 구했다고?

알래스카에 있는 작은 도시 '놈'은 북극과 가까이 있는 땅이야. 그런데 1925년 이곳에 디프테리아균이 번식하며 디프테리아 전염병이 퍼졌어. 병에 걸린 에스키모 원주민들을 살리려면 디프테리아 치료제가 있어야 했어. 하지만 놈까지 갈 수 있는 방법이 없었지. 강한 바람에 눈보라까지 심해 비행기도 뜨지 못할 정도였거든.

약만 있으면 살릴 수 있는데. 얼마나 안타까웠을까!

놈의 의사들은 6일 안에 치료제가 도착하지 않으면 수많은 환자들이 죽을 거라고 했어. 그때 기적이 일어났단다.

환자를 살려야 해. 빨리 달려.

이 소식을 들은 개썰매꾼들이 나선 거야. 개썰매꾼들은 비행기도 못 가는 곳을 개썰매로 뚫고서 가기로 했어. 앵커리지에서 놈까지 썰매 개 150마리와 개썰매꾼 20명이 5일간 릴레이로 1,100킬로미터를 달리기로 했지. 수많은 썰매 개들이 눈보라 속을 뚫고 달렸고, 마지막 썰매 개들은 다른 썰매보다 5배나 긴 85킬로미터를 끊임없이 달려 놈에 도착했어. 디프테리아로 목숨을 잃을 뻔한 환자들은 썰매 개들 덕에 살아날 수 있었단다.

썰매 개들이야말로 영웅이에요!
마지막 개썰매의 리더 개 이름은 발토야.
발토? 꼭 기억해야지!

아픈 사람들을 위해서 열심히 연구해야지.

3장

전염병과 싸운 의사들

에드워드 제너의 종두법

자두의 고름 주스

앗, 뽀루지다!
으휴, 고름 튀겠다. 고름은 죽은 세균의 시체라고.
고름이 뭐 어때서? 고름으로 약도 만드는데! 고름은 귀중한 거야.
고름이 아무렇지 않다니 다행이다.
네 주스 안에 고름이 튀어 들어갔거든.
푸후웁~!

10월 27일 화요일 | 날씨 해가 느글느글한 날

가르르르~
괜찮아 안 죽어

내가 시체를 먹었다! 주스랑 같이 꿀꺽꿀꺽 삼켰다! 밖에서 들어온 세균이랑 몸을 보호하는 백혈구가 싸워 죽어서 생긴 백혈구 시체가 노란 고름인데. 으, 찝찝해. 어쨌든 고름으로 약을 만드는 건 확실하다. 지난번에 선생님이 소 고름으로 천연두 백신을 만들었다고 얘기해 주셨다. 소 고름이 어떻게 약이 되었을까?

노란 고름으로 약을 만들었다고?

천연두는 무서운 전염병이야. 그런데 무시무시한 천연두에 벌벌 떨지 않는 사람들이 있었어. 바로 우두에 걸린 사람들이야. 우두에 걸린 소한테서 나온 우유를 먹은 사람들은 우두에 걸려 손과 발에 뾰루지가 생겼지만 금세 나았어. 게다가 천연두도 걸리지 않았지.

우두랑 천연두랑 무슨 상관이에요?
우두 균이랑 천연두 균이 비슷하거든. 우리 몸은 약한 우두 균에 방어력이 생기면 강한 천연두 균도 물리칠 수 있게 돼.
아하! 약한 적을 물리치면 레벨이 올라 강한 적이랑 싸울 수 있는 거죠?
천연두에 안 걸리려면 맞아야 해.

영국의 의사 에드워드 제너는 천연두에 누구보다 관심이 많았어. 제너는 우두가 천연두를 막을 수 있을 거라고 생각해 오랫동안 우두 환자를 연구했어. 1796년에는 우두에 걸린 여인의 뾰루지에서 고름을 짜내어 어린아이의 몸에 주사하는 실험을 벌였어. 그 아이는 가벼운 우두를 앓고 건강해졌을 뿐 아니라, 천연두에도 걸리지 않게 되었어. 이게 바로 제너의 종두법이야.

사람들은 처음에 제너의 종두법을 거부했어.

왜요? 주사 맞는 게 무서워서요?

주사를 맞으면 소가 된다는 소문이 돌았거든.
겁이 난 거야.

안 맞으면 안 되나요.

플레밍과 페니실린

난 과학자가 될 거야!

넌 뭐가 되려고 온종일 뒹굴 거리니?
과학자!
그러셔?
과학자 플레밍은 되게 지저분했대. 나도 더러우니까 과학자가 될 거야.
더러워서 과학자가 된다면 네 아빠는 벌써 노벨상 세 번 탔어! 얼른 치워!
치잇!

10월 28일 수요일 | 날씨 하얀 구름이 흘러가는 날

냄새
곰팡이

깨끗한 것만 재능인가? 더러운 것도 재능이다. 씻고 싶을 때 안 씻고, 갈아입고 싶을 때 안 갈아입는 게 얼마나 힘든 일인데.
그걸 해낸다, 내가! 엄마는 내 재능을 몰라준다니까. 플레밍이 진짜 지저분 대장이 아니었으면 병균을 죽이는 푸른곰팡이도 발견하지 못했을걸.

알짜배기 과학 상식

게을러서 푸른곰팡이를 발견했다고?

미생물학자인 알렉산더 플레밍은 날마다 실험실에 틀어박혀 실험하는 걸 좋아했어. 하지만 정리에는 영 소질이 없었어. 플레밍의 책상 위는 언제나 지저분하기 짝이 없었지. 1928년 여름에는 포도상구균이 담긴 페트리 접시를 책상에 쌓아둔 채 휴가를 다녀오기까지 했어. 플레밍이 없는 동안 포도상구균은 무럭무럭 번식했지.

포도상구균은 몸에 염증을 일으키고 심하면 죽음에 이르게 하는 세균이야.

그런 걸 아무렇게나 두고 가요?

그 덕에 사람을 살리는 푸른곰팡이를 발견한걸.

뭐야 뭐야
뭔가 발견 했나 봐!

플레밍은 휴가에서 돌아와 페트리 접시에 곰팡이가 피어 있는 걸 보았어. 그런데 신기하게도 곰팡이 주변의 포도상구균은 모두 죽어 있었지. 플레밍은 이걸 보고 푸른곰팡이가 나쁜 세균을 죽일 수 있다는 걸 알아내었단다. 이 푸른곰팡이로 만든 약이 바로 페니실린이야. 페니실린은 나중에 천연두, 홍역, 말라리아, 콜레라, 이질, 폐렴, 패혈증 등의 세균성 질병을 치료하는 약이 되었어.
이 약으로 많은 사람들이 생명을 건졌단다.

푸른 곰팡이가
포도상구균을
모두 죽였어.

허준의 전염병 기록

병을 연구하기 위하여

으, 머리가 뜨거워.
어디….
열이 많이 나네. 병원에 가야겠다. 주사 한 방 맞아야겠어.
엄마, 전 병원에 갈 수 없어요.
나는 내 병을 연구해 훌륭한 의학 책을 쓸 거예요.
열난다니까 뭔 헛소리야.
싫어! 주사 싫다고!

10월 29일 목요일 | 날씨 머리가 뜨거워 김이 나는 날

으아아악~~~
안아파요

으으, 엉덩이야. 내 불쌍한 엉덩이에 팔뚝만 한 주사 바늘이 쿡 꽂혔다. 병원은 혹시 열을 내려 주는 척하며 고문하는 곳 아닐까? 어쨌든 주사와 쓴 약 덕에 머리에 열이 내렸다. 아쉽다. 조선의 명의 허준 선생님이 전염병을 연구해 책으로 낸 것처럼 나도 내 병에 대한 책을 하나 남기려고 했는데.

알짜배기 과학 상식

전염병을 연구한 조선의 의사

조선 시대 명의로 알려진 구암 허준에 대해 알고 있니? 허준은 조선의 왕과 왕세자 등 왕실 사람들의 병을 치료한 의원이야. 뛰어난 실력으로 큰 존경을 받았지. 허준은 당시 조선을 휩쓸고 있던 전염병을 연구했어. 허준은 전염병에 걸린 사람들을 관찰해 전염병의 진단법과 치료법 등을 정리했단다. 동아시아 지역 최초로 전염병 환자를 연구해 기록을 남겼으니, 시대를 앞선 멋진 의사였지.

어떤 전염병에 대해 연구했어요?

장티푸스, 성홍열, 천연두 등등!

약초를 찾자.

허준은 전염병에 관한 책 《벽역신방》과 《신찬벽온방》을 썼어. 그러고 나서 동아시아 최고 의학서 중 하나인 《동의보감》을 완성했어. 《동의보감》은 우리 땅에서 나는 식물을 써서 병을 치료하는 법을 연구해 누구나 쉽게 책을 보고 약을 지을 수 있도록 했어. 《동의보감》은 일본, 중국까지 널리 알려졌어. 2009년에는 세계 기록유산으로 올랐어.

찾았다
주변에 풀이나 뿌리로 약을 만들 수 있어.
허준 선생님 멋져!

광견병을 물리친 파스퇴르

큰 개도 안 무서워!

으르릉
으악
애기야!
크아아
크아아아아
크르릉!
크아아앙
누나!
깨갱갱
개 살려요!
개가 우리 누나한테
물렸어요!

10월 30일 금요일 | 날씨 콧등에 땀이 송골송골 맺히는 날

야!
다음에 우리 애기한테
덤비면 국물도 없어
깨갱

음하하하! 나는야, 위대한 싸움꾼! 사자도 이기고, 코뿔소도 이기지. 큰 개, 작은 개, 뚱보 개, 얼룩 개! 나란 여자는 무서운 게 없다. 못된 개도 내 앞에 서면 꼬리를 만다니까. 그런데 한 가지 궁금한 게 있다. 미친개가 사람을 물면 사람에게 광견병이 생긴다는데, 그게 정말일까?

광견병 소년을 고쳤다고?

사람이 광견병에 걸린 동물한테 물리면 광견병 바이러스에 전염이 돼. 옛날에는 별다른 광견병 치료법이 없었어. 광견병에 걸린 사람은 열과 불안에 시달리고 몸에 마비를 일으키다 죽고 말았지.

프랑스의 생화학자 루이 파스퇴르 박사는 광견병을 치료할 방법을 연구했단다. 광견병에 걸린 개와 토끼한테서 광견병 바이러스를 얻은 다음, 이 바이러스의 힘이 약해지는 기간을 알아냈어. 파스퇴르 박사는 약해진 광견병 바이러스를 개에게 주사해 보았지.

으으, 개가 미쳤나요?
아니, 안 미쳤어. 나중에 센 광견병 바이러스를 주사했을 때도 말짱했어.
악~

파스퇴르 박사는 광견병 바이러스를 약하게 만들어 광견병을 치료하는 백신을 만드는 데 성공했어. 이 백신이 광견병을 예방할 뿐 아니라, 광견병에 막 걸린 개를 치료할 수도 있다는 걸 개 실험으로 알아냈어. 하지만 사람에게는 아직 실험하지 못했지.

헌데 1885년에 큰일이 벌어졌어. 한 아이가 미친개에게 14번이나 물린 거야. 아이의 어머니는 파스퇴르 박사에게 도와 달라고 부탁했어. 파스퇴르 박사는 아이에게 백신을 주사해 주었어. 결과는 대성공! 파스퇴르 박사가 만든 광견병 백신은 수많은 다른 전염병 바이러스를 약화시킬 수 있는 백신을 만드는 데 바탕이 되었고, 그 덕에 의학이 크게 발전했단다.

파스퇴르 박사님 소년이 광견병에 걸린 개한테 물렸어요.
걱정 말아요. 광견병 백신이 있어요.

리스터의 살균법

내일 또 더러워질걸

자두야, 좀 씻어.
뭐 하러요. 내일 또 더러워질 텐데.
자두야, 방 청소 좀 해.
뭐 하러요. 내일 또 먼지가 생길 텐데.
미미야, 아가야. 밥 먹자.
엄마, 내 밥은요?
자두야, 뭐 하러 먹어? 내일 또 배고파질 텐데.
으헉!

11월 2일 월요일 날씨 창문을 안 열어 날씨를 모르는 날

밥 먹고
씻을게요.
씻고
밥 먹어!

날마다 씻는 건 귀찮다. 나는 100년도 안 씻을 수 있다. 그런데 밥은 반대다. 밥은 삼시 세끼 간식까지 먹어도 안 귀찮다. 밥은 위대하다! 어쩐지 심오한 깨달음을 얻은 기분이다. 그건 그렇고 옛날 영국의 의사들은 날마다 더러운 수술복을 입었다던데, 빨기 귀찮아서 그런 걸까?

알짜배기 과학 상식

옷을 빨아 입어서 환자를 살렸다고?

옛날 영국의 의사들은 더러운 가운을 자랑스럽게 입었어. 수술을 많이 한 의사라는 걸 뽐낼 수 있었으니까. 그 가운에 전염병을 옮기는 못된 세균이 얼마나 득실득실했을지 짐작이 가니? 오죽하면 병원에서 두 명이 수술하면 한 명이 죽었을까. 더러운 가운에 묻어 있던 세균이 환자의 상처에 들어가 환자의 목숨을 빼앗은 거야. 이때 영국의 외과 의사 조셉 리스터가 파스퇴르 박사가 쓴 글을 읽었어. '주변의 세균에 의해 병에 걸릴 수 있다.'는 글이었지. 리스터는 파스퇴르의 글을 읽고 수술 도구에 묻어 있던 세균이 상처에 닿아 환자들을 전염시킬 수 있다는 생각을 했어.

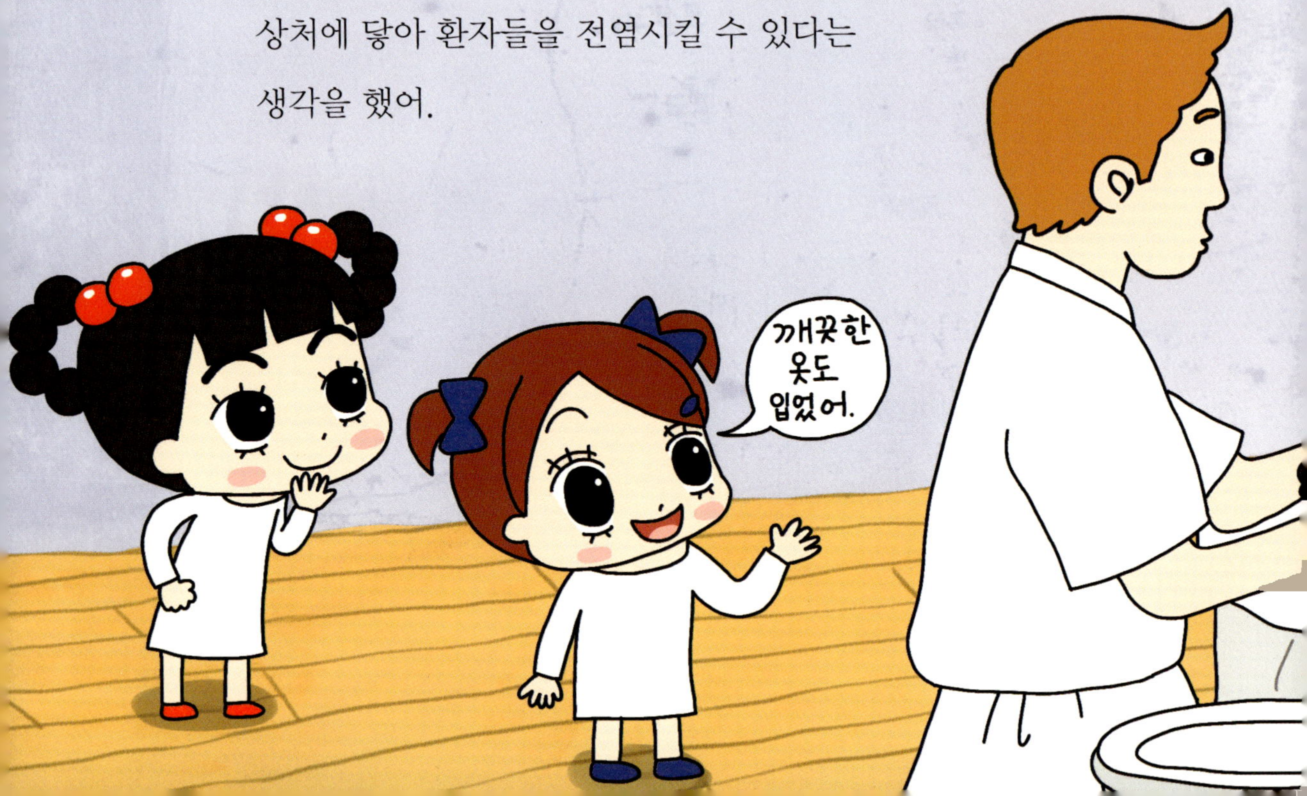
깨끗한 옷도 입었어.

리스터는 더러운 가운을 벗었나요?

맞아. 깨끗한 옷으로 갈아입고서 손까지 씻고 수술을 했단다.
그걸 본 다른 의사들은 뭘 그렇게 하냐며 리스터를 비웃었어.

리스터는 환자가 다친 곳을 깨끗이 하고 수술 도구에 묻어 있는 세균을 죽이면 환자들이 더 안전해질 거라는 생각이 들었어. 그래서 세균을 죽일 수 있는 살균제로 석탄산을 찾아냈어. 수술 도구에 석탄산을 뿌리고 수술을 하자 특별한 변화가 일어났어. 수술 뒤 훨씬 많은 사람들이 죽지 않고 건강해진 거야. 나쁜 세균을 소독으로 없애는 소독법으로 수많은 환자들이 목숨을 구할 수 있었단다.

철저히 소독해요.
석탄산을 뿌리고 있습니다.

백신 맞고 약한 병균을 이겨 내면 강한 바이러스도 이길 수 있어.

난 이미 강해졌어.

4장

병을 이기자!

병을 예방하는 백신

미래를 위하여

와구
와구
와구
돌돌아, 간식을 쉬지 않고 먹어도 괜찮아?
이게 미래를 위한 투자야.
투자?
뷔페에 갔을 때 많이 먹으려면 꾸준히 자주 먹어서 위장을 늘려 놔야 해.
허엇~!
스승님!

11월 3일 화요일 | 날씨 새들이 날씨 좋다고 떠드는 날

축 돌돌이 생일
힘내자!

돌돌이 생일을 뷔페에서 했다. 기다렸노라, 오늘을 대비해 날마다 간식을 먹으며 위장을 늘려 놓았다는 사실! 위장이 늘면 배탈도 안 나겠지? 캬아, 간식으로 배탈을 막는 셈이다. 선생님이 약한 병균이 든 백신 주사로 큰 병을 미리 막을 수 있다고 알려 주셨는데. 간식이랑 백신이랑 은근히 비슷한걸?

가짜 병균으로 병을 예방한다고?

세균과 바이러스는 동물, 식물 등 생명체 몸에 들어가면 감염을 일으켜. 그 생명체의 몸에서 바글바글 불어나 생명체의 세포를 파괴해 병을 일으키지. 이런 무시무시한 세균과 바이러스를 막기 위해 우리는 백신을 만들고 있어. 백신은 한마디로 말하면 '약한 병균'이야. 세균과 바이러스를 약하게 만들지.

백신을 개발한 사람이 누구라고 했죠?

파스퇴르 박사!

파스퇴르 박사님이 진짜 엄청난 일을 하셨구나. 전염병을 미리 예방할 수 있게 되다니.

백신 맞고 약한 병균을 이겨 내면 강한 바이러스도 이길 수 있어.

예를 들어 볼까? 독감 백신을 사람 몸에 주사하면, 사람의 몸은 약한 독감 병균과 싸워서 이기는 과정에서 독감 병균을 방어하는 법을 익혀. 그러고 나면 진짜 강한 독감 바이러스가 몸에 들어와도 당당히 맞서 싸워 이길 수 있어. 현대에는 태어난 아기들이 병과 잘 싸울 수 있도록 여러 가지 백신 주사를 미리미리 맞도록 한단다. 결핵, 소아마비, 디프테리아, 파상풍, 백일해, 수두 등 예전에는 죽음에 이르렀던 병을 백신으로 미리 예방할 수 있게 되었지.

병원 가서 맨날 주사 맞아야 하는 거 아니에요?
주사 몇 방으로 병을 예방하면 남는 장사지.
그래도 주사는 싫어요!
난 이미 강한 몸이 되었어. 강한 독감이 와도 이길 수 있어.
난 강한 독감 바이러스인데 힘을 쓸 수 없어.

쪽쪽
쪽
쪽

에이즈 치료제의 발명

흡혈귀 언니의 걱정

아, 배고파.
흡혈귀 언니, 그거 먹고 에이즈 걸리면 어떻게 해요?
쪽쪽
쪽
나도 걱정이야. 그래도 안 먹고 굶어죽는 것보다 먹고 배부르게 죽는 게 나아!
그래서 둘이 먹다 하나가 죽어도 모른다잖니.
그게 그런 뜻이구나!

11월 4일 수요일 | 날씨 바람이 쌀쌀한 날

에이즈 걸리면
어떡하지
걱정 말아요
요즘엔 좋은약이 있어요

흡혈귀들도 참 피곤하겠다. 피를 쭉쭉 실컷 빨아 먹었는데 그 피 속에 에이즈 바이러스가 들어 있다면? 햇빛보다도 마늘보다도 더 무서울 것 같다. 햇빛이랑 마늘은 눈에 보이기나 하지. 다행히 요즘에는 약이 잘 만들어져 에이즈에 걸린 사람도 관리를 잘하면 큰 문제 없이 살 수 있다고 한다. 에이즈는 언제 처음 발견되었을까?

알짜배기 과학 상식

에이즈에 걸려도 걱정 없다고?

에이즈는 40여 년 전 처음 발견된 병으로, 많은 사람들이 에이즈에 걸려 목숨을 잃었어. '후천성면역결핍증'이라고 부르는 에이즈를 일으키는 건 HIV 바이러스야.
HIV 바이러스에 감염되면 처음에는 괜찮다가 10~15년이 지나며 몸의 면역력이 점점 약해지며 에이즈가 진행돼.
에이즈 환자는 건강한 사람에게는 아무 문제도 되지 않는 곰팡이, 기생충, 세균, 바이러스 등에 쉽게 감염되어 건강을 잃고 죽음에 이른단다.

면역력이 뭐예요? 

 병균과 싸우는 힘이야.

HIV 바이러스에 감염돼도 약만 잘 챙겨 먹으면 돼.
걱정하지 마. 치료법이 점점 발전하고 있어.

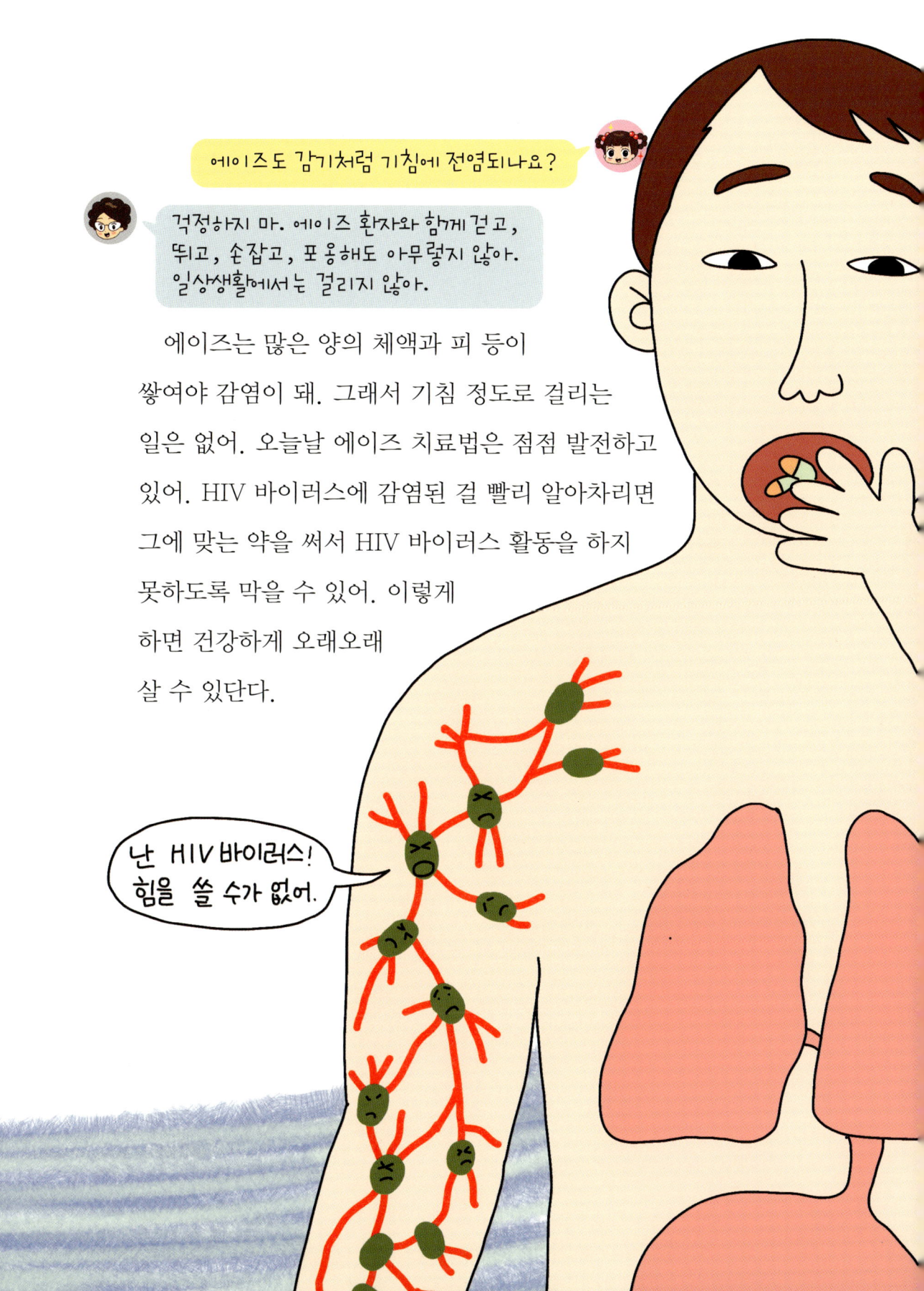

에이즈도 감기처럼 기침에 전염되나요?

걱정하지 마. 에이즈 환자와 함께 걷고, 뛰고, 손잡고, 포옹해도 아무렇지 않아. 일상생활에서는 걸리지 않아.

에이즈는 많은 양의 체액과 피 등이 쌓여야 감염이 돼. 그래서 기침 정도로 걸리는 일은 없어. 오늘날 에이즈 치료법은 점점 발전하고 있어. HIV 바이러스에 감염된 걸 빨리 알아차리면 그에 맞는 약을 써서 HIV 바이러스 활동을 하지 못하도록 막을 수 있어. 이렇게 하면 건강하게 오래오래 살 수 있단다.

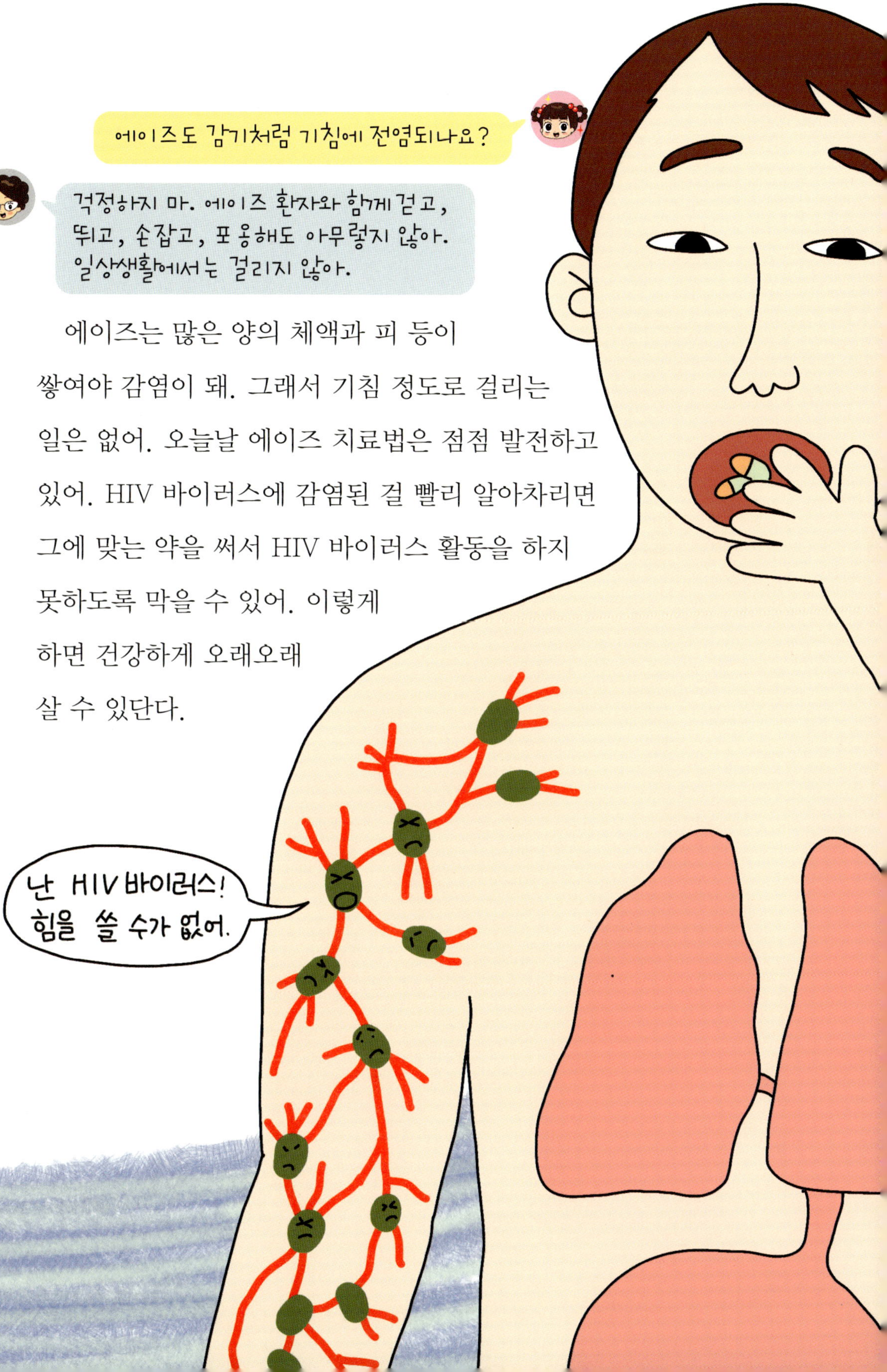
난 HIV 바이러스!
힘을 쓸 수가 없어.

약이 되는 식물

달콤한 약이 좋아!

어이구, 미미야, 기침하는구나.
콜록 콜록 콜록
미미야, 기침에는 무랑 꿀로 만든 무꿀차가 약이야. 마셔.
아, 달콤해.
엄마, 나도 약! 나는 배가 아파요.
자두야, 넌 양배추 먹자. 소화에 좋아.
앗! 배가 싹 낫네. 난 이만~!
어딜 가시게~!
싫어!

11월 5일 목요일 | 날씨 우글우글 구름이 낀 날

양배추 먹으면
위장이 좋아진다고
수리수리 마수리

난 염소가 아니야. 난 송아지가 아니야. 자두라고! 내가 맛없는 양배추나 질겅질겅 씹어야 한다니, 쳇! 왜 배 아플 때 먹는 초콜릿이나 사탕이나 쥐포나 과자는 없는 걸까? 잘 먹을 자신 있는데. 어쨌든 양배추를 먹으니 속이 좋아졌다. 진짜 효과가 있다! 식물에는 병을 고치는 성분이 있는 걸까?

식물로 병을 고친다고?

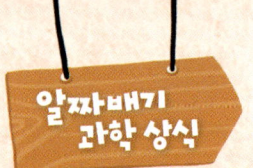

사람들은 먼 옛날부터 식물에서 병을 고칠 약을 얻어 왔어. 세계 어느 나라에서나 민간요법으로 식물의 잎이나 뿌리 등을 달여 먹는 비법이 있었지. 현대에도 병을 치료하는 약의 재료로 식물을 사용한단다. 두통약인 아스피린은 버드나무 껍질에 들어 있는 성분으로 만들고, 독감 치료제인 타미플루는 팔각이라는 나무 열매 성분으로 만들어.

풀이나 나무로 병을 고친다니 신비해요.

옛날에 마녀라고 불렸던 사람들도 사실은 약초를 잘 다루는 약초사였다고 해. 풀을 써서 병이 나으니 신비한 힘을 가졌다고 생각한 거지.

와~!
식물에서 병을
고치는 약을 얻다니!
ASPIRIN
ASPIRIN
ASPI

참, 타미플루는 독감을 치료하는 약이야. 독감을 그대로 두면 폐렴과 같은 큰 병이 되어 몸이 더 나빠질 수 있기 때문에 독감 치료는 반드시 해야 해. 그런데 독감 치료약 타미플루는 효과가 좋은 반면 어른이 아닌 아기나 어린이, 청소년들에게는 부작용이 일어날 수 있어. 실제와 다른 게 보이는 환각 증세, 들리지 않는 소리가 들리는 환청 증세 등을 일으킬 수 있으므로 약을 먹고 나서 꼭 어른과 함께 있어야 해.

버드나무에서 아스피린! 팔각나무 열매에서 타미플루!
와~
타미플루를 먹은 뒤 이틀 동안은 절대 혼자 있지 마!
Tamiflu
Tamiflu 75mg

달걀로 만드는 독감 백신

달걀에게 복수할 거야!

달걀로 독감 주사를 만드는 거 알아?
아, 독감 주사 진짜 아픈데….
달걀은 나빠. 복수할 거야!
어떻게?
잔인하게 깨고!
마구마구 휘젓고!
불에 태우고!
먹어 버리자!

11월 6일 금요일 | 날씨 복수심에 이글이글 불타는 날

복수다

오늘은 복수의 날! 달걀들을 잔인하게 고문했다. 달걀들은 프라이팬 위에서 지글지글 타고, 찜기 속에서 퍽퍽 쪄졌다. 나랑 미미는 달걀을 콱 물어뜯고, 자근자근 씹어 삼켰다. 달걀들이여, 우리의 팔뚝을 아프게 한 벌을 받아라! 그런데 왜 독감 예방 주사는 달걀로 만드는 걸까? 특별한 이유가 있나?

알짜배기 과학 상식

달걀로 약을 만든다고?

백신은 예방약이야. 바이러스를 미리 막아 내는 약이지. 독감 바이러스를 막는 독감 백신은 달걀을 이용해서 만들어. 달걀 중에서도 품으면 병아리가 태어날 수 있는 유정란에서만 독감 백신을 만들 수 있어. 바이러스는 살아 있는 생명체에 붙어 자라기 때문이야. 유정란에 주삿바늘로 독감 바이러스를 집어넣으면 그 안에서 바이러스가 무럭무럭 자라. 이 바이러스를 모아서 여러 가지 과정을 거쳐 독감 백신을 만들어 낸단다.

어? 혹시 달걀 알레르기가 있으면 독감 백신을 못 맞나요?

알레르기가 아주 심하지만 않으면 괜찮아. 독감 백신에는 달걀 성분이 아주 조금만 들어 있거든.

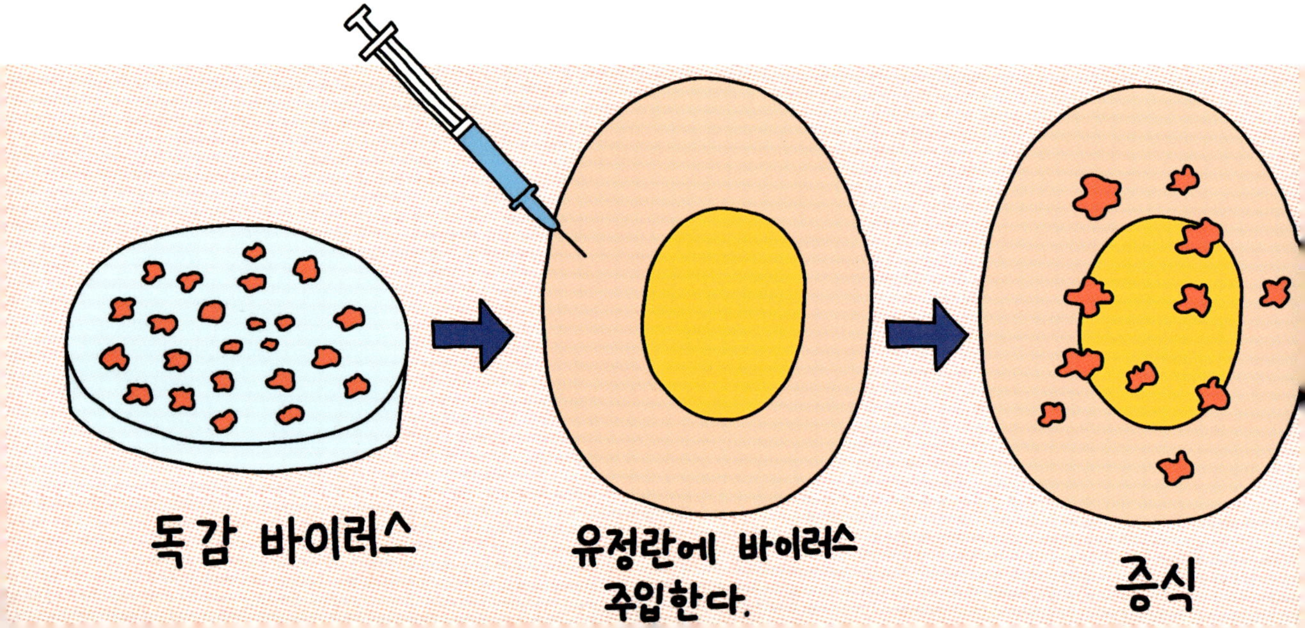
독감 바이러스
유정란에 바이러스 주입한다.
증식

독감 예방 주사를 맞는다고 해서 무조건 독감에 걸리지 않는 건 아니야. 하지만 독감 예방 주사를 미리 맞으면 독감에 잘 걸리지 않고, 독감에 걸리더라도 약하게 앓고서 금방 나아.

주의할 점! 독감 예방 주사는 맞고서 일주일쯤 있어야 예방 효과를 발휘해.

독감 예방 주사 맞은 다음 날 독감에 걸리면 어떻게 해요?

엄청 억울한 거지, 뭐.

독감 환자는 매년 발생해. 전 세계 10명 중 1명 정도는 반드시 독감에 걸린단다. 건강을 위해서는 독감이 유행하기 전, 독감 예방 주사를 맞는 게 좋아.

바이러스를 모아
러 가지 과정을 거쳐
독감 백신을 만든다.

항생제 남용의 위험성

자두의 도전

도전! 그동안 실력을 갈고 닦았다.
좋아.
시작!
으아아! 또 졌어. 열심히 연습했는데 왜 못 이기지?
너 연습할 때 나도 연습을 한걸.
그럼 난 언제 이겨? 연습하지 마!
하하하

11월 9일 월요일	날씨 속에서 활활 불이 타오르는 날

기다려라 악당
정의는
승리한다!
흐흐 덤벼라~~

영화 속 영웅들은 처음에 약하다. 악당과 싸우며 점점 강해지고, 영웅이 강해질수록 악당도 강해진다. 뛰는 놈 위에 나는 놈, 강한 놈 위에 더 강한 놈이랄까. 이제 보니 민지는 슈퍼 악당이었다. 나보다 철봉도 잘하면서 연습도 더 많이 해 나를 이기려고 하다니. 기다려라, 민지. 영웅은 언젠가 승리한다고! 참, 세균 중에도 슈퍼 악당 같은 슈퍼 세균이 있다고 하던데 정말일까?

슈퍼 악당 세균이 있다고?

우리는 병에 걸리면 약을 먹어. 바이러스로 인한 병에는 항바이러스제를, 세균으로 인한 병에는 항생제를 먹어. 세균성 병인 결핵, 폐렴, 콜레라, 파상풍, 페스트, 장티푸스, 탄저병, 식중독, 위염, 요도염 등에 항생제를 먹는단다. 항생제를 먹으면 세균성 병을 치료할 수 있어. 하지만 항생제를 자주 먹으면 세균이 항생제보다 강해져서 항생제가 듣지 않게 돼. 그러면 더 센 항생제를 써야 하고, 세균은 더 센 항생제보다 더 강해지지.

그럼 더욱더 센 항생제를 써서 세균을 죽이나요?

그리고 더욱더 센 세균이 나타난단다.
이렇게 반복하면 나중엔 항생제가 듣지 않게 돼.

항생제오남용 X
항생제

슈퍼 박테리아라는 말 들어 봤니? 슈퍼 박테리아는 아주 센 항생제보다도 훨씬 센 돌연변이 세균이야. 현대에는 슈퍼 박테리아가 점점 늘어나고 있어. 항생제에 익숙해진 세균이 강한 슈퍼 박테리아로 변화하는 거지. 슈퍼 박테리아에 감염된 사람은 항생제가 듣지 않아 제대로 치료를 받지 못해. 자칫하면 목숨을 잃고 말지. 이런 슈퍼 박테리아가 생기지 않도록 항생제는 꼭 필요한 때에만 먹도록 하자.

슈퍼박테리아다
헉